SEMBRADOS
EN BUENA TIERRA

Aprendiendo a orar

¡para niños!

SEMBRADOS
EN BUENA TIERRA

Aprendiendo a orar

¡para niños!

Heriberto y Elsa Hermosillo

Vida®

SEMBRADOS EN BUENA TIERRA
APRENDIENDO A ORAR
Edición publicada por Editorial Vida - 2008
Miami, Florida

© 2008 Heriberto y Elsa Hermosillo

Adaptación para niños: *Patricia Sánchez*
Adaptación del interior: *Good Idea Productions*
Diseño de cubierta: *Rodrigo Galindo*
Adaptación: *Cathy Spee*
Coordinadora de producción: *Mariana Díaz González*

ISBN: 978-0-8297-5359-2

Categoría: Ministerio cristiano / Discipulado

Impreso en Estados Unidos de América
Printed in the United States of America

08 09 10 11 ❖ 6 5 4 3 2 1

Índice

Sembrados en Buena Tierra para niños

Sembrados en Buena Tierra para niños, es un material dirigido a padres y maestros que desean instruir a niños entre 4 y 12 años, en la Palabra de Dios.

Para este fin, la estructura que se presenta es:

1. Objetivo.
Identifica los puntos principales a reforzar.

2. Textos.
Pasajes bíblicos que son la base de la enseñanza.

3. Versículo a memorizar.

4. Desarrollo del tema.
Es una guía de la enseñanza, para padres y maestros, en el extremo derecho de la hoja, se incluyen también los pasajes bíblicos que se citan durante la enseñanza.

5. Aprendizaje activo.
Actividades y juegos, para niños pequeños y grandes, que sirven para fijar la enseñanza de una manera práctica y divertida.
El padre o maestro, puede sacar fotocopias de las ilustraciones y hojas de actividades, para repartir a sus niños.

Aprendiendo a ser un discípulo para niños
Los niños aprenden a descubrir la diferencia entre ser un creyente y ser un discípulo, y se preparan para alcanzar este objetivo a través de 7 pasos.

Aprendiendo a orar para niños
Nuestros hijos pueden desde pequeños aprender los principios que Jesús enseñó a sus discípulos, cuando estos le pidieron, "enséñanos a orar".
Basados en lo que conocemos como «El padrenuestro» (Mt 6:5-13), los padres y maestros cuentan con una herramienta útil y práctica para comunicar esta importante enseñanza .

Edificando un hogar feliz
¿De dónde venimos? ¿Cuál es nuestro propósito? ¿Qué es una familia? ¿Cómo funciona? Respuestas a estas preguntas preparan a nuestros niños para cumplir su propósito tomando en cuenta a aquel que creó la familia y desea que tengamos un hogar feliz.

El secreto de las finanzas sanas
Los niños están listos para aprender a identificar los recursos que el Señor les ha regalado. Cómo honrar a Dios y tener cuidado de no permitir que la provisión que el Señor añade se pierda.

Contáctenos
Elsa Hermosillo
tfbeto@yahoo.com

www.sembradosenbuenatierra.com
USA (956) 9710724

1 {Reconociendo su paternidad}

Objetivos:

Ayudar al niño a:
- Aprender qué significa orar
- Saber cómo y dónde debemos orar
- Conocer la diferencia entre orar y rezar
- Saber que podemos acercarnos a Dios como Papá

Textos:

Mateo 6:5-8, Juan 15:17 y Lucas 11:1

Versículo a memorizar:

«Mas tú cuando ores, entra en tu aposento, y cerrada la puerta, ora a tu Padre que está en <u>secreto</u>...». *Mateo 6:6*

Desarrollo del tema:

Hoy empezaremos una nueva aventura, aprenderemos a orar siguiendo el diseño de oración que Jesús nos dejó, «El Padrenuestro», complementándolo con la Palabra de Dios, y la guía del Espíritu Santo.

Los discípulos de Jesús ya habían estado con él por mucho tiempo, ellos se sentaban en primera fila cuando Jesús enseñaba o predicaba y veían sus milagros, y es en uno de esos momentos que uno de sus discípulos le pide a Jesús que les enseñe a orar (*Lucas 11:1*).

Nosotros, al igual que ellos, hemos aprendido a ser discípulos de Jesús siguiendo los 7 pasos: <u>oír, leer, escudriñar, meditar, memorizar, dar fruto y multiplicarnos</u>; pero esto no quiere decir que ya sepamos orar.

Orar es hablar con Dios. El verdadero cristiano no ora para que Dios se entere de lo que necesita porque Dios es omnisciente (*todo lo sabe*). El propósito principal de la oración **no** es obtener cosas de Dios, sino es el de suplir nuestra gran necesidad de él, de llegar a ser uno con él.

La oración es la preparación para la batalla, Jesús oró en todos los momentos importantes de su vida, no esperó a tener problemas para hacerlo, Jesús pasó días y noches en comunión, buscando instrucción, fortaleza y unidad con el Padre y cuando fue a la cruz lo hizo con valor, en cambio sus discípulos se derrumbaron. Jesús con su ejemplo enseñó a sus discípulos a que mantuvieran una relación personal con él, sabía lo importante que es separar un tiempo para tener comunión con el Padre a través de la oración.

Nosotros debemos seguir el ejemplo de Jesús teniendo comunión diaria con el Padre, y la oración es el principio de esa comunión. Para que nuestras oraciones puedan ser escuchadas por el Padre hay dos requisitos, (*Juan 5:7*) permanecer en él y que sus palabras permanezcan en nosotros, esto último significa que no solo hay que saber la Palabra de Dios, tambien hay que obedecerla.

Mateo 6:5-8
5 Y cuando ores, no seas como los hipócritas; porque ellos aman el orar en pie en las sinagogas y en las esquinas de las calles, para ser vistos de los hombres; de cierto os digo que ya tienen su recompensa. **6** Mas tú, cuando ores, entra en tu aposento, y cerrada la puerta, ora a tu Padre que está en secreto; y tu Padre que ve en lo secreto te recompensará en público. **7** Y orando, no uséis vanas repeticiones, como los gentiles, que piensan que por su palabrería serán oídos. **8** No os hagáis, pues, semejantes a ellos; porque vuestro Padre sabe de qué cosas tenéis necesidad, antes que vosotros le pidáis.

Lucas 11:1
1 Aconteció que estaba Jesús orando en un lugar, y cuando terminó, uno de sus discípulos le dijo: Señor, enséñanos a orar, como también Juan enseñó a sus discípulos.

Juan 5:7
7 Señor, le respondió el enfermo, no tengo quien me meta en el estanque cuando se agita el agua; y entre tanto que yo voy, otro desciende antes que yo.

Génesis 24:63
63 Y había salido Isaac a meditar al campo...

Lucas 6:12
12 En aquellos días él fue al monte a orar, y pasó la noche orando a Dios.

Hechos 10:9
9 Al día siguiente, mientras ellos iban por el camino y se acercaban a la ciudad, Pedro subió a la azotea para orar, cerca de la hora sexta.

Lucas 18:9-13
9 A unos que confiaban en sí mismos como justos, y menospreciaban a los otros, dijo también esta parábola:

El primer paso que Jesús nos enseña para <u>orar correctamente</u> es hacerlo en secreto (*Mateo 6:6*) es decir en quietud interior. (*Génesis 24:63, Lucas 6:12, Hechos 10:9*)

Después nos dice que debemos **evitar las vanas repeticiones** (rezos) y no ser como los hipócritas.

¿Qué es un hipócrita?

Antigüamente los actores griegos y romanos, usaban unas máscaras muy grandes con un dispositivo mecánico para aumentar la voz porque en ese tiempo no existían los micrófonos, estas no eran ni la cara ni la voz real de la persona, por eso este término vino a usarse para indicar a un engañador. En las oraciones de este tipo de personas «hipócritas» hay dos cosas:
1. Vanagloria (*Mateo 6:5-6*)
2. Vanas repeticiones (*Mateo 6:7-8*)

¿Qué es vanagloria?

La palabra vana significa sin valor o importancia y gloria significa honor, estima; entonces vanagloria es dar a algo o a alguien un valor que no tiene.

Hay personas a las que les gusta orar en público usando palabras que no son de uso común para que todos los vean y los oigan. Pero esto hace que solo oigamos la voz de ellos, en lugar de oír la voz de Dios (Lucas 18:9-13).

¿Qué son las vanas repeticiones?

Las vanas repeticiones son cuando repetimos como loritos una o varias frases como si fueran palabras mágicas, a esto se le llama rezar, que no es lo mismo que orar.

¿Con qué nombre nos vamos a dirigir a Dios?

(*Mateo 6:9*) Gracias a Jesús se nos ha permitido el maravilloso privilegio de acercarnos a Dios en oración y poder llamarle **«Padre»** y establecer una relación con él, pero no todos tienen ese privilegio (*Juan 1:11-12*).

«Padre» fue la palabra favorita de Jesús para referirse a Dios. El propósito de Jesús fue mostrarnos a Dios como un padre amoroso y personal que está profundamente interesado en los detalles de nuestra vida.

Le llamamos «nuestro» porque como miembros de la familia de Dios, debemos tener una relación de familia con nuestros hermanos de la fe, (*Juan 17:20-21*) guardando la unidad bajo el mismo amor y recordando que debemos orar unos por otros.

Dios también quiere que entendamos que él está en el cielo, es decir, por encima de las circunstancias terrenales y puede ver más allá de nosotros. Por eso a veces permite circunstancias difíciles, que no entendemos. Sin embargo, si buscamos consuelo y fortaleza en él, encontraremos que aun esas circunstancias adversas pueden convertirse en oportunidades de victoria en nuestra vida (*Efesios 4:1-6*). Dios es soberano (*Juan 3:27-31*). Él está sobre todos, es decir que es nuestra autoridad (Colosenses 1:15-18).

---

10 Dos hombres subieron al templo a orar: uno era fariseo, y el otro publicano.
11 El fariseo, puesto en pie, oraba consigo mismo de esta manera: Dios, te doy gracias porque no soy como los otros hombres, ladrones, injustos, adúlteros, ni aun como este publicano;
12 ayuno dos veces a la semana, doy diezmos de todo lo que gano.
13 Mas el publicano, estando lejos, no quería ni aun alzar los ojos al cielo, sino que se golpeaba el pecho, diciendo: Dios, sé propicio a mí, pecador.

Juan 1:11-12
11 A lo suyo vino, y los suyos no le recibieron.
12 Mas a todos los que le recibieron, a los que creen en su nombre, les dio potestad de ser hechos hijos de Dios.

Juan 17:20-21
20 Mas no ruego solamente por éstos, sino también por los que han de creer en mí por la palabra de ellos,
21 para que todos sean uno; como tú, oh Padre, en mí, y yo en ti, que también ellos sean uno en nosotros; para que el mundo crea que tú me enviaste.

Efesios 4:1-6
1 Yo pues, preso en el Señor, os ruego que andéis como es digno de la vocación con que fuisteis llamados,
2 con toda humildad y mansedumbre, soportándoos con paciencia los unos a los otros en amor,
3 solícitos en guardar la unidad del Espíritu en el vínculo de la paz;
4 un cuerpo, y un Espíritu, como fuisteis también llamados en una misma esperanza de vuestra vocación;
5 un Señor, una fe, un bautismo,
6 un Dios y Padre de todos, el cual es sobre todos, y por todos, y en todos.

1 {Reconociendo su paternidad}

Aprendizaje activo

• Niños PEQUEÑOS:

1. Siguiendo los números, une los puntos trazando una línea. Después colorea y recorta, puedes pegar sobre papel construcción de color dejando un márgen alrededor de 1", pegar por detrás un imán.

Material:
- Papel construcción de colores
- Imán auto-adherible
- Crayones
- Copias de la actividad

• Niños GRANDES:

1. Resolver el laberinto
2. Resolver el cuestionario de la clase usando la Biblia

Material:
- Copias de las actividades
- Lapiceros o lápices

Notas

Niños pequeños

Instrucciones:
Une los puntos trazando una línea siguiendo los números.

$1\left\{\begin{matrix}\text{Reconociendo}\\\text{su paternidad}\end{matrix}\right\}$

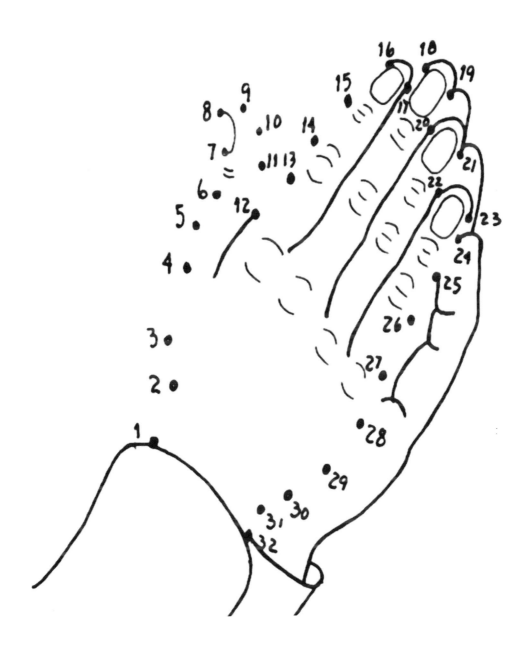

«Mas tú cuando ores, entra en tu aposento, y cerrada la puerta, ora a tu Padre que está en secreto...». **Mateo 6:6**a

Notas

Niños GRANDES

Instrucciones:
Encuentra el camino correcto dentro del laberinto.

INICIO

¡APRENDIENDO A ORAR!

«Mas tú cuando ores, entra en tu aposento, y cerrada la puerta, ora a tu Padre que está en secreto...». **Mateo 6:6***a*

Notas

....

....

....

....

....

....

....

....

....

....

....

....

....

....

....

....

....

....

....

Niños GRANDES

Hoja de actividades

1 { **Reconociendo su paternidad** }

---

1 **Versículo para memorizar:**

«Mas tú cuando ores, entra en tu aposento, y cerrada la puerta, ora a tu Padre que está en secreto...». **Mateo 6:6**

---

2 **Marca la respuesta correcta:**

¿Cómo debemos orar?

a) Gritando para que otros escuchen

b) Donde la gente nos vea

c) Usando palabras difíciles

d) En secreto, solo para Dios

¿Qué es orar?

a) Repetir unas frases varias veces

b) Solo hablar con Dios

c) Pedir cosas que nos gustan

d) Usar muchas palabras

---

3 **¿Falso ó verdadero?**

¿Los discípulos le pidieron a Jesús que les enseñara a orar?

☐ FALSO   ☐ VERDADERO

---

4 **Llena los espacios en blanco:**

«Si_____ en mí, y mis_____ permanecen en vosotros,_____ todo lo que queréis, y os será_____ ». **Juan 15:7**

Notas

....

....

....

....

....

....

....

....

....

....

....

....

....

....

....

....

....

....

....

....

2 { Santificando su nombre }

Objetivos:

Ayudar al niño a:
- Aprender el significado de la palabra «santificar» y «nombre»
- Entender que el propósito de nuestra vida es reflejar su imagen.

Textos:

Mateo 6:9 y Juan 14:6-7

Versículo a memorizar:

«Vosotros pues oraréis así: Padre nuestro, que estás en los cielos, santificado sea tu nombre». *Mateo 6:9*

Desarrollo del tema:

Recordemos que estamos aprendiendo a orar correctamente. En el primer paso aprendimos que debemos evitar la vanagloria y las vanas repeticiones, es decir que no busquemos que los demás nos vean orar, o que gritemos para que Dios nos escuche como si fuera sordo o tengamos que usar muchas palabras para que entienda, como si fuera ignorante, este tipo de oración revela que tenemos una idea incorrecta de Dios.

Dios quiere que lo busquemos a solas, en quietud interior y usando nuestras propias palabras, con agradecimiento y amor de nuestro corazón. Dios desea tener comunión con nosotros, él quiere que le conozcamos manteniendo una relación cercana con él a través de la oración y de su palabra .

A Dios le podemos llamar «**Padre**» siempre y cuando creamos en él y le hayamos recibido, (*Juan 1:11-12*). Le llamamos «**nuestro**» porque como miembros de la familia de Dios, debemos tener una relación con nuestros hermanos en la fe.

Entendemos que Dios está en el cielo, y ve las cosas de una manera diferente a como vemos las cosas desde nuestra perspectiva terrenal (*Efesios 4:1-6*). Dios es soberano (*Juan 3:27-31*).

Él está sobre todos, es decir que es nuestra autoridad. (*Colosense 1:15-18*).

En este segundo paso que Jesús nos enseña para orar correctamente aprenderemos a santificar su nombre. ¿Qué significa esto?

Santificar significa «**venerar, consagrar, poner aparte**». Lo contrario de santificar es deshonrar. *Nombre* significa «**autoridad, carácter**». En el pueblo judío los padres ponían a sus hijos nombres con algún significado, con la esperanza de que el nombre representara la personalidad o el carácter del niño.

Entonces ***santificar su nombre*** quiere decir que debemos venerar la autoridad y carácter de Dios. ¿Por qué? Porque Dios nos creó a su imagen y semejanza, para reflejarle (*Génesis 1:26*). El pecado impide que la imagen de Dios se muestre, a través de nosotros, deshonrando su nombre.

Mateo 6:9
9 Vosotros, pues, oraréis así: Padre nuestro que estás en los cielos, santificado sea tu nombre.

Juan 14:6-7
6 Jesús le dijo: Yo soy el camino, y la verdad, y la vida; nadie viene al Padre, sino por mí. **7** Si me conocieseis, también a mi Padre conoceríais; y desde ahora le conocéis, y le habéis visto.

Juan 1:11-12
11 A lo suyo vino, y los suyos no le recibieron. **12** Mas a todos los que le recibieron, a los que creen en su nombre, les dio potestad de ser hechos hijos de Dios.

Efesios 4:1-6
1 Yo pues, preso en el Señor, os ruego que andéis como es digno de la vocación con que fuisteis llamados, **2** con toda humildad y mansedumbre, soportándoos con paciencia los unos a los otros en amor, **3** solícitos en guardar la unidad del Espíritu en el vínculo de la paz; **4** un cuerpo, y un Espíritu, como fuisteis también llamados en una misma esperanza de vuestra vocación; **5** un Señor, una fe, un bautismo, **6** un Dios y Padre de todos, el cual es sobre todos, y por todos, y en todos.

Juan 3:27-31
27 Respondió Juan y dijo: No puede el hombre recibir nada, si no le fuere dado del cielo. **28** Vosotros mismos me sois testigos de que dije: Yo no soy el Cristo, sino que soy enviado delante de él. **29** El que tiene la esposa, es el esposo; mas el amigo del esposo, que está a su lado y le oye, se goza grandemente de la voz del esposo; así pues, este mi gozo está cumplido. **30** Es necesario que él crezca, pero que yo mengüe.

Por eso envió a su hijo Jesús para poder limpiarnos del pecado (***Juan 1:14 y 14:6-7***) y habilitarnos para ser transformados a la imagen de Cristo.

Recuerda que pecado es lo que hacemos o decimos que no agrada a Dios. Como por ejemplo, cuando Dios nos dice que no debemos mentir y lo hacemos, o que no debemos robar, o ser egoístas o destruir las cosas.

Hay muchas maneras de desobedecer a Dios, pero el origen de todas ellas es simplemente no tomarlo en cuenta antes de hacer nuestras decisiones.

Cuando no pasamos tiempo con Dios en oración y en su palabra, nos mantenemos lejos de Dios y su imagen no se puede reflejar a través de nosotros.

Es como si quisiéramos vernos en un espejo que está sucio. La imagen que veríamos estaría distorsionada. De la misma manera, para que la imagen de Dios se refleje a través de nuestra vida, necesitamos limpiar nuestra mente con la Palabra de Dios, confesando nuestros pecados en oración y pidiéndole a Jesús que nos ayude a permanecer cerca de él, para poder reflejar su imagen en nosotros y a través de nosotros.

Esto es lo que la Biblia llama «***glorificar a Dios***» (***Juan 15:8-9***).

Es la manera en que nosotros lo damos a conocer a las demás personas.

Con nuestras palabras, actitudes y acciones (***Mateo 5:14-16***).

---

31 El que de arriba viene, es sobre todos; el que es de la tierra, es terrenal, y cosas terrenales habla; el que viene del cielo, es sobre todos.

Colosenses 1:15-18
15 Él es la imagen del Dios invisible, el primogénito de toda creación.
16 Porque en él fueron creadas todas las cosas, las que hay en los cielos y las que hay en la tierra, visibles e invisibles; sean tronos, sean dominios, sean principados, sean potestades; todo fue creado por medio de él y para él.
17 Y él es antes de todas las cosas, y todas las cosas en él subsisten;
18 y él es la cabeza del cuerpo que es la iglesia, él que es el principio, el primogénito de entre los muertos, para que en todo tenga la preeminencia.

Génesis 1:26
26 Entonces dijo Dios: Hagamos al hombre a nuestra imagen, conforme a nuestra semejanza; y señoree en los peces del mar, en las aves de los cielos, en las bestias, en toda la tierra, y en todo animal que se arrastra sobre la tierra.

Juan 1:14
14 Y aquel Verbo fue hecho carne, y habitó entre nosotros (y vimos su gloria, gloria como del unigénito del Padre), lleno de gracia y de verdad.

Juan 15:8-9
8 En esto es glorificado mi Padre, en que llevéis mucho fruto, y seáis así mis discípulos.
9 Como el Padre me ha amado, así también yo os he amado; permaneced en mi amor.

2 { Santificando su nombre }

Aprendizaje activo

● **Niños PEQUEÑOS:**

1. Colorear el dibujo

Material:
- Crayones
- Copias de la actividad

● **Niños GRANDES:**

1. Resolver el laberinto
2. Resolver el cuestionario de la clase usando la Biblia

Material:
- Copias de las actividades
- Lapiceros o lápices

Niños pequeños

Instrucciones:
Colorea el dibujo

2 { **Santificando su nombre** }

«Vosotros pues orareis así: Padre nuestro, que estás en los cielos, santificado sea tu nombre». **Mateo 6:9**

Niños GRANDES

Instrucciones:
Encuentra al camino correcto dentro del laberinto.

$2\{$ **Santificando su nombre** $\}$

INICIO

«Vosotros pues orareis así: Padre nuestro, que estás en los cielos, santificado sea tu nombre». **Mateo 6:9**

Niños GRANDES

Hoja de actividades	2 {Santificando su nombre}

1 Versículo para memorizar:

«Vosotros pues orareis así: Padre nuestro, que estás en los cielos, santificado sea tu nombre». **Mateo 6:9**

2 Marca la respuesta correcta:

¿Con que propósito nos creó Dios?

a) Nos creó porque no tenía nada que hacer.

b) Para reflejar su imagen

c) Para no sentirse solo.

¿Qué significa la palabra *santificar*?

a) Venerar

b) Consagrar

c) Poner aparte

¿Qué significa la palabra *nombre*?

a) Es la manera con la que se identifica algo o alguien.

b) Autoridad

c) Carácter

3 Escribe la respuesta correcta:

Menciona los dos primeros pasos para orar correctamente:

1. _____

2. _____

3 { Estableciendo su reino }

Objetivos:

Ayudar al niño a:

- Saber cuáles son las características del reino de Dios.
- Aprender que el centro de atención del reino de Dios no son las cosas temporales.
- Entender qué es *justicia, paz y gozo*.

Textos:

Mateo 6:10, 33, Juan 18:36, Romanos 3:24-26 y 14:17

Versículo a memorizar:

«Porque el reino de Dios no es comida ni bebida, sino justicia, paz y gozo en el Espíritu Santo». *Romanos 14:17*

Desarrollo del tema:

Hoy continuaremos estudiando los pasos para aprender a orar. Cuando desconocemos lo que Dios quiere para nosotros, creemos que la oración es un juego en donde tenemos que adivinar qué cosas vamos a pedir y esto hace que nuestras oraciones estén llenas de dudas.

¿Recuerdan que aprendimos que debemos evitar la vanagloria y las vanas repeticiones? También aprendimos que gracias a Jesús somos parte de la familia de Dios, y si creemos en su sacrificio en nuestro lugar y lo recibimos como Señor de nuestra vida, entonces podemos llamarle a Dios Papá, y confiar que él está por encima de las circunstancias gobernando soberanamente desde el cielo, como Rey de nuestras vidas.

¿Cómo es el reino de Dios?

Un reino tiene un rey, y en este reino, el rey es Dios. Él manda y tiene reglas con las que se gobiernan a un grupo de personas llamadas súbditos, el rey cuida del bienestar de sus súbditos y también vigila que ellos cumplan con las reglas.

En el reino de Dios los súbditos somos todos los que hemos creído en el sacrificio de Cristo, y por lo tanto, tenemos que ser obedientes a sus reglas (la Palabra de Dios).

No podemos hacer lo que a nosotros nos parezca bien.

Mateo 6:33 dice que nuestra prioridad debe ser buscar primeramente el reino de Dios y su justicia, en nuestra vida y esto nos dará entendimiento y capacidad de amarle y servirle.

¿Que características tiene su reino? *Romanos 14:17*

- La Biblia dice: Justicia, paz y gozo en el Espíritu Santo.
- El reino de Dios no está enfocado a las cosas temporales sino a las eternas.

Mateo 6:10
10 Venga tu reino. Hágase tu voluntad, como en el cielo, así también en la tierra.

Mateo 6:33
33 Mas buscad primeramente el reino de Dios y su justicia, y todas estas cosas os serán añadidas.

Juan 18:36
36 Respondió Jesús: Mi reino no es de este mundo; si mi reino fuera de este mundo, mis servidores pelearían para que yo no fuera entregado a los judíos; pero mi reino no es de aquí.

Romanos 3:24-26
24 Siendo justificados gratuitamente por su gracia, mediante la redención que es en Cristo Jesús,
25 a quien Dios puso como propiciación por medio de la fe en su sangre, para manifestar su justicia, a causa de haber pasado por alto, en su paciencia, los pecados pasados,
26 con la mira de manifestar en este tiempo su justicia, a fin de que él sea el justo, y el que justifica al que es de la fe de Jesús.

Romanos 14:17
17 Porque el reino de Dios no es comida ni bebida, sino justicia, paz y gozo en el Espíritu Santo.

Romanos 6:12-13
12 No reine, pues, el pecado en vuestro cuerpo mortal, de modo que lo obedezcáis en sus concupiscencias;
13 ni tampoco presentéis vuestros miembros al pecado como instrumentos de iniquidad, sino presentaos vosotros mismos a Dios como vivos de entre los muertos, y vuestros miembros a Dios como instrumentos de justicia.

La paz y el gozo en el Espíritu Santo, son el resultado de que la justicia de Dios, se lleve a cabo:

a) En nuestras vidas:
Cuando reconocemos nuestro pecado, y permitimos que Jesús entre en nuestro corazón, Dios nos viste de su justicia, cubriendo nuestro pecado con la sangre de Cristo (**Romanos 3:24-26**)

b) A través de nuestras vidas:
Como súbdito del reino de Dios, debo buscar que su justicia se refleje a través de mi vida. (**Romanos 6:12-13**).

Paz

¿Cómo es la paz de Dios y cómo llega a nosotros? (Juan 14:27 y Romanos 5:1-2)
Paz (*Shalom*) significa «**unir dos cosas que estaban sueltas**», «**totalidad**» o «**completo**», nosotros estábamos separados de Dios por nuestro pecado, incompletos, lejanos. Jesús nos quita la infracción del pecado y sobreviene la paz, la gracia, y el amor de Dios hacia nosotros, eso nos hace permanecer completos y seguros.

En la paz de Cristo se hallan concentrados todos los bienes que podemos desear.

Gozo

El gozo es el resultado de la justicia de Dios operando en mi vida. (**Juan 15:10-11**) si soy discípulo de Cristo y trato de ser como él, tendré gozo en mi vida.

Juan 14:27
27 La paz os dejo, mi paz os doy; yo no os la doy como el mundo la da. No se turbe vuestro corazón, ni tenga miedo.

Romanos 5:1-2
1 Justificados, pues, por la fe, tenemos paz para con Dios por medio de nuestro Señor Jesucristo;
2 por quien también tenemos entrada por la fe a esta gracia en la cual estamos firmes, y nos gloriamos en la esperanza de la gloria de Dios.

Juan 15:10-11
10 Si guardareis mis mandamientos, permaneceréis en mi amor; así como yo he guardado los mandamientos de mi Padre, y permanezco en su amor.
11 Estas cosas os he hablado, para que mi gozo esté en vosotros, y vuestro gozo sea cumplido.

3 {Estableciendo su reino}

Aprendizaje activo

● Niños PEQUEÑOS:

1. Dé a cada niño una corona de papel al llegar a la clase y dígales que hoy vamos a conocer el reino de Dios
2. Colorear el dibujo

Material:
• Crayones
• Copias de la actividad

● Niños GRANDES:

1. Resolver el laberinto
2. Resolver el cuestionario de la clase usando la Biblia

Material:
• Copias de las actividades
• Lapiceros o lápices

Notas

....

....

....

....

....

....

....

....

....

....

....

....

....

....

....

....

....

....

....

Niños pequeños

Instrucciones:
Une con una línea los puntos siguiendo las letras del alfabeto y después colorea. ¿Qué ves?

3 { Estableciendo su reino }

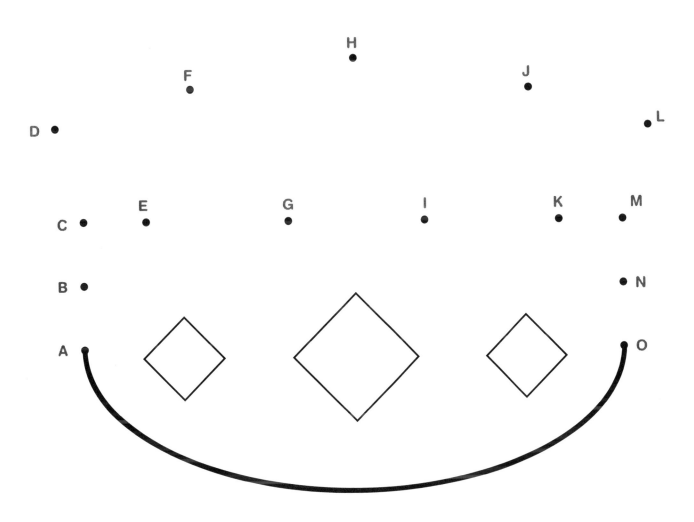

«Porque el reino de Dios no es comida ni bebida, sino justicia, paz y gozo en el Espíritu Santo». **Romanos 14:17**

Notas

Niños GRANDES

Instrucciones:
Sigue el camino de coronas hasta llegar al Rey

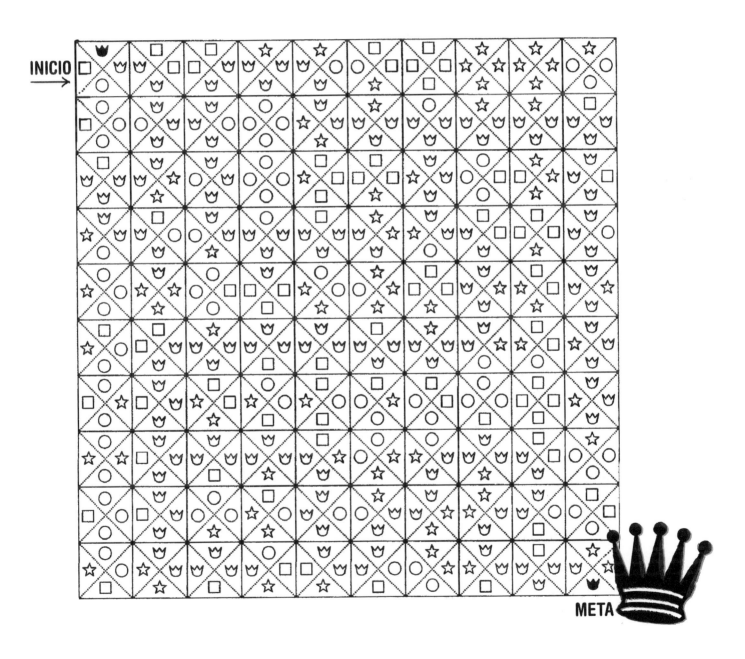

INICIO →

META

«Porque el reino de Dios no es comida ni bebida, sino justicia, paz y gozo en el Espíritu Santo». **Romanos 14:17**

Niños GRANDES

| Hoja de actividades | 3 { Estableciendo su reino } |

1) Versículo para memorizar:

«Porque el reino de Dios no es comida ni bebida, sino justicia, paz y gozo en el Espíritu Santo». **Romanos 14:17**

2) Falso o verdadero:

Pon un círculo en la letra de la respuesta correcta y escribe cada letra marcada en las líneas de abajo:

a) Las características del reino de Dios son: justicia, paz y gozo

b) En el Reino de Dios no hay reglas

c) La justicia de Dios es Jesús

d) Nuestra prioridad debe ser comer y dormir

e) El gozo es el resultado de la justicia de Dios en mi vida

f) La justicia de Dios debe reflejarse a través mi vida

verdadero	falso
B	M
T	U
S	B
E	C
A	O
D	I

«Mas_____ primeramente el Reino de Dios y su justicia». **Mateo 6:33**

3) Escribe la respuesta correcta:

Menciona los tres primeros pasos para orar correctamente:

1. R_____ su P_____

2. S_____ su N_____

3. Estableciendo su R _____

4 {Haciendo su voluntad}

Objetivos:

Ayudar al niño a:

- Aprender cuáles son las características de la voluntad de Dios.
- Entender qué significa la palabra mundo.
- Saber qué cosas nos harían desobedecer a Dios.

Textos:

Mateo 6:10, Romanos 12:1-2, 8:27, Juan 15:7-8, 1 Juan 2:15-17, 5:19, Mateo 6:31-32

Versículo a memorizar:

«No os conforméis a este siglo, sino transformaos por medio de la renovación de vuestro entendimiento». *Romanos 12:2*

Desarrollo del tema:

La clase pasada hablamos que la oración es algo muy poderoso. Es algo así como tener la llave que abre un cofre lleno de tesoros que se encuentran en la Palabra de Dios.

O como si tuviéramos una máquina muy complicada, que se echara a andar con un código secreto. Ese código secreto, es la oración.

Hoy estudiaremos el cuarto paso para orar correctamente. El no saber si estamos orando correctamente, puede hacernos tropezar, y al enfrentar dudas, es posible que dejemos de orar.

¿Cómo debo orar entonces?

Conforme a su voluntad (*Juan 15:7-8*)

¿Qué significa la voluntad de Dios?

Significa «**lo que Dios quiere**», o «**lo que Dios desea**». La oración no es conseguir que Dios cumpla nuestros caprichos, es pedir que los deseos de él se lleven a cabo en nuestra vida.

Sin embargo a veces tratamos a Dios como si fuera el genio de una lámpara mágica.

Cuando la frotamos pedimos un deseo y esperamos que Dios cambie el universo para darnos lo que queremos.

¿Qué características tiene la voluntad de Dios?

La Palabra dice en *Romanos 12:1-2* que necesitamos adoptar un estilo de vida totalmente nuevo, una vida moldeada por Dios, renovada interiormente.

Dios nos hace personas nuevas cambiando nuestros pensamientos reproduciendo fielmente su carácter en nosotros, de esa manera comprobamos que la voluntad de Dios es buena, agradable y perfecta.

¿Por qué es buena? Porque Dios tiene lo mejor para mí.
¿Por qué es agradable? Porque me va a gustar en el largo plazo.
¿Por qué es perfecta? Porque Dios no se equivoca.

Mateo 6:10
10 Venga tu reino. Hágase tu voluntad, como en el cielo, así también en la tierra.

Romanos 12:1-2
1 Así que, hermanos, os ruego por las misericordias de Dios, que presentéis vuestros cuerpos en sacrificio vivo, santo, agradable a Dios, que es vuestro culto racional.
2 No os conforméis a este siglo, sino transformaos por medio de la renovación de vuestro entendimiento, para que comprobéis cuál sea la buena voluntad de Dios, agradable y perfecta.

Romanos 8:27
27 Mas el que escudriña los corazones sabe cuál es la intención del Espíritu, porque conforme a la voluntad de Dios intercede por los santos.

Juan 15:7-8
7 Si permanecéis en mí, y mis palabras permanecen en vosotros, pedid todo lo que queréis, y os será hecho.
8 En esto es glorificado mi Padre, en que llevéis mucho fruto, y seáis así mis discípulos.

1 Juan 2:15-17
15 No améis al mundo, ni las cosas que están en el mundo. Si alguno ama al mundo, el amor del Padre no está en él.
16 Porque todo lo que hay en el mundo, los deseos de la carne, los deseos de los ojos, y la vanagloria de la vida, no proviene del Padre, sino del mundo.
17 Y el mundo pasa, y sus deseos; pero el que hace la voluntad de Dios permanece para siempre.

1 Juan 5:19
19 Sabemos que somos de Dios, y el mundo entero está bajo el maligno.

Debemos reconocer la importancia de conformar nuestros deseos o sea nuestra voluntad a la de Dios. Conformar quiere decir tomar la misma figura o forma.

La voluntad de Dios está totalmente opuesta a los criterios y actitudes de este mundo que está controlado por «**el maligno**» (*1 Juan 5:19*).

El maligno se llama así porque su objetivo es el de convencernos de hacer todo lo malo, lo que no agrada a Dios y desobedecerle, para deshonrar su nombre y no reflejar su imagen.

La palabra «**mundo**» viene del griego *Kósmos* que significa arreglo ordenado, decoración, maquillaje externo. Es decir que el maligno adorna el pecado haciéndonos creer que lo malo es bueno.

¿Cuales son las cosas del mundo que nos harían desobedecer a Dios?
(1 Juan 2:15-17)
1. Deseos de la carne. Son toda clase de malos deseos, bienestar y comodidades para nuestro cuerpo, que el mundo le ofrece tener al hombre.
2. Deseos de los ojos. Es anhelar poseer lo que agrada a los ojos, bienes materiales, dinero, fama, poder, posición social, etc.
3. Vanagloria de la vida. Es el exaltarse a sí mismo, provocando la envidia a los demás.

Pero el Espíritu Santo nos ayuda para que se cumpla la voluntad de Dios en nuestras vidas *(Romanos 8:27)*

Mateo 6:31-32
31 No os afanéis, pues, diciendo: ¿Qué comeremos, o qué beberemos, o qué vestiremos?
32 Porque los gentiles buscan todas estas cosas; pero vuestro Padre celestial sabe que tenéis necesidad de todas estas cosas.

4 {Haciendo su voluntad}

Aprendizaje activo

● **Niños PEQUEÑOS:**
1. Colorear el dibujo

Material:
- Crayones
- Copias de la actividad

● **Niños GRANDES:**
1. Resolver la sopa de letras
2. Resolver el cuestionario de la clase usando la Biblia

Material:
- Copias de las actividades
- Lapiceros o lápices

Notas

....

....

....

....

....

....

....

....

....

....

....

....

....

....

....

....

....

....

Niños pequeños

Instrucciones:
Colorea el dibujo

4 { **Haciendo su voluntad** }

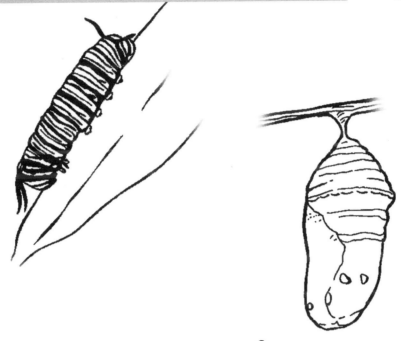

¡TRANSFÓRMATE!

«No os conforméis a este siglo, sino transformaos por medio de la renovación de vuestro entendimiento». Romanos 12:2

Notas

Niños GRANDES

Instrucciones:
Encuentra las palabras

4 { Haciendo **su voluntad** }

T	J	X	F	D	A	T	N	U	L	O	V
R	U	E	T	E	W	I	A	M	N	A	A
A	S	M	U	S	P	A	Z	O	P	G	N
N	T	I	N	E	A	E	I	R	E	R	A
S	I	G	L	O	S	C	V	E	R	A	G
F	C	O	R	S	A	R	D	A	F	D	L
O	I	Z	F	V	R	T	H	C	E	A	O
R	A	O	O	M	T	Y	G	Z	C	B	R
M	U	N	D	O	U	I	U	J	T	L	I
A	E	S	Q	N	B	U	E	N	A	E	A
R	E	I	N	O	P	L	K	L	N	F	A
O	N	E	C	O	N	F	O	R	M	A	R

Siglo	Conformar	Buena
Renovación	Agradable	Perfecta
Voluntad	Vanagloria	Deseos
Gozo	Mundo	Reino
Transformar	Justicia	Paz

«No os conforméis a este siglo, sino transformaos
por medio de la renovación de vuestro entendimiento».
Romanos 12:2

Niños GRANDES

Hoja de actividades	4 { Haciendo su voluntad }

1 **Versículo para memorizar:**

«No os conforméis a este siglo, sino transformaos por medio de la renovación de vuestro entendimiento». **Romanos 12:2**

2 **Contesta las siguientes preguntas:**

1. ¿Cómo es la voluntad de Dios?

    B _____ A _____ P _____

2. ¿Qué significa la palabra mundo?

    a) Kosmos
    b) Arreglo, ordenado
    c) Maquillaje
    d) Todas las anteriores

3. ¿Quién controla el mundo?

    a) El maligno
    b) El amigo de Dios
    c) Los gobernantes
    d) Nadie

3 **Llena los espacios en blanco:**

«No os _____ a este siglo, sino_____ por medio de la _____ de vuestro entendimiento, para que_____ cual se la_____ _____ de Dios, agradable y perfecta». **Romanos 12:2**

5 { Recibiendo su provisión }

Objetivos:
Ayudar al niño a:
- Saber que Dios suple nuestras necesidades.
- Reconocer que todo lo bueno viene de Dios.
- Saber lo importante que es tener un corazón agradecido

Textos:
Mateo 6:11, Santiago 1:17, Proverbios 10:22, Salmos 127:1-2 y Filipenses 4:6-7

Versículo a memorizar:
«Por nada estéis afanosos, sino sean conocidas vuestras peticiones delante de Dios en toda oración y ruego, con acción de gracias». *Filipenses 4:6*

Desarrollo del tema:

Hasta ahora hemos aprendido los primeros cuatro pasos que Jesús nos ha enseñado para orar, él nos dio un modelo a seguir. Primero conocimos a Dios como Padre y después aprendimos a santificar su nombre para reflejar su imagen. En los siguientes pasos conocimos cómo es su reino y su voluntad.

Hoy aprenderemos cómo debemos orar por la provisión que Dios añade a nuestra vida, y que es con un propósito, para que su voluntad se lleve a cabo en nosotros y a través de nosotros.

Jesús dijo que podemos orar al Padre por nuestras necesidades, grandes o pequeñas, espirituales y materiales, las cosas internas y las externas. Él las conoce y puede satisfacerlas. Recordemos que no oramos para que Dios se entere de lo que necesitamos, Dios todo lo sabe, es omnisciente, le pedimos para reconocer que necesitamos de él y dependemos de él.

«El pan nuestro de cada día, dánoslo hoy» (*Mateo 6:11)* no significa que vamos a hacer un viaje a la panadería, lo que quiere decir es que es correcto orar por nuestras necesidades diarias, no por las necedades, vamos a pedir pan, lo que es nutritivo no comida chatarra. Es decir cosas que estén de acuerdo al deseo o la voluntad de Dios no a la voluntad de nosotros.

Cuando reconocemos que es Dios quien diariamente nos provee entonces podremos:

- **Entender** que nuestra provisión (comida, ropa, etc.) viene de la mano del Padre (*Santiago 1:17*). Dios suplirá lo que necesitamos para honrarlo y hacer su voluntad. Porque no podemos servir en su reino ni hacer su voluntad si no tenemos la salud y las fuerzas que necesitamos para hoy.

- **Disfrutar** la provisión de Dios. La provisión diaria de parte de Dios va a traer alegría a mi corazón, no tristeza (*Proverbios 10:22*). El centro de la petición es el pan de cada día que quiere decir suficiente para el día.

Mateo 6:11
11 El pan nuestro de cada día, dánoslo hoy.

Santiago 1:17
17 Toda buena dádiva y todo don perfecto desciende de lo alto, del Padre de las luces, en el cual no hay mudanza, ni sombra de variación.

Proverbios 10:22
22 La bendición de Jehová es la que enriquece, Y no añade tristeza con ella.

Salmo 127:1-2
1 Si Jehová no edificare la casa, En vano trabajan los que la edifican; Si Jehová no guardare la ciudad, En vano vela la guardia.
2 Por demás es que os levantéis de madrugada, y vayáis tarde a reposar, Y que comáis pan de dolores; Pues que a su amado dará Dios el sueño.

Filipenses 4:6-7
6 Por nada estéis afanosos, sino sean conocidas vuestras peticiones delante de Dios en toda oración y ruego, con acción de gracias.
7 Y la paz de Dios, que sobrepasa todo entendimiento, guardará vuestros corazones y vuestros pensamientos en Cristo Jesús.

Mateo 6:25
25 Por tanto os digo: No os afanéis por vuestra vida, qué habéis de comer o qué habéis de beber; ni por vuestro cuerpo, qué habéis de vestir. ¿No es la vida más que el alimento, y el cuerpo más que el vestido?

• **Descansar** en la confianza de su gran amor (*Salmos 127:1-2*). Jesús pone especial énfasis en la palabra «**hoy**» para a quitarnos la ansiedad por el futuro (*Mateo 6:25, 31-33*)

• **Desarrollar un corazón agradecido**. Dar gracias es confiar en Dios. Un corazón agradecido es un corazón que vive tranquilo, no vive afanado, (*Filipenses 4:6-7*) Afán viene de la palabra griega *merimnáo* que significa «**preocupado por**».

Podemos llevar delante de él nuestras peticiones y nuestras necesidades de todas las cosas que son importantes para nosotros (*Proverbios 30:7-9*), pero no olvidemos que la provisión de Dios para nosotros es para cumplir su propósito en nuestras vidas.

Mateo 6:31-33
31 No os afanéis, pues, diciendo: ¿Qué comeremos, o qué beberemos, o qué vestiremos?
32 Porque los gentiles buscan todas estas cosas; pero vuestro Padre celestial sabe que tenéis necesidad de todas estas cosas.
33 Mas buscad primeramente el reino de Dios y su justicia, y todas estas cosas os serán añadidas.

5 { Recibiendo su provisión }

Aprendizaje activo

● **Niños** PEQUEÑOS:
1. Colorear el dibujo

Material:
• Crayones
• Copias de la actividad

● **Niños GRANDES:**
1. Juego de memorización. Concluya la lección con una oración y aplique los pasos que hasta ahora hemos aprendido de cómo debemos orar. Haga sentar a los niños en círculo. Escoja un voluntario para sentarse en el centro del círculo con las manos en las rodillas y los ojos cerrados. Los otros niños pasarán una pelota o cualquier otro objeto, alrededor del círculo. Cuando el niño del centro ponga las manos en posición de oración, los otros niños dejaran de pasar la pelota. El niño que tenga la pelota dirá el versículo a memorizar. Luego intercambiará el lugar con el niño del centro. Juegue hasta que todos hayan dicho el versículo a memorizar.

2. Resolver el rompecabezas de palabras
3. Resolver el cuestionario.

Material:
• Copias de las actividades
• Lapiceros o lápices

Niños pequeños

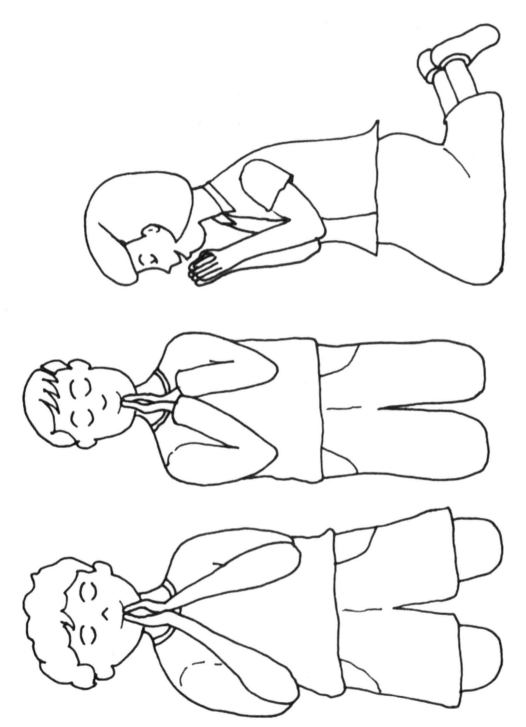

«Por nada estéis afanosos, sino sean conocidas vuestras peticiones delante de Dios en toda oración y ruego, con acción de gracias». **Filipenses 4:6**

Niños GRANDES

Instrucciones:
Tacha las letras K, X y Z. Luego escribe las letras restantes en las líneas de abajo

5 { **Recibiendo su provisión** }

p	k	o	x	r	z	n	k	a	x	d	z	a	k	e
x	s	z	t	k	e	x	i	z	s	k	a	x	f	z
a	k	n	x	o	z	s	k	o	x	s	z	s	k	i
x	n	z	o	k	s	x	e	z	a	k	n	x	c	z
o	k	n	x	o	z	c	k	i	x	d	z	a	k	s
x	v	z	u	k	e	x	s	z	t	k	r	x	a	z
s	k	p	x	e	z	t	k	i	x	c	z	i	k	o
x	n	z	e	k	s	x	d	z	e	k	l	x	a	z
n	k	t	x	e	z	d	k	e	x	D	z	i	k	o
x	s	z	e	k	n	x	t	z	o	k	d	x	a	z
o	k	r	x	a	z	c	k	i	x	o	z	n	k	y
x	r	z	u	k	e	x	g	z	o	k	c	x	o	z
n	k	a	x	c	z	c	k	i	x	o	z	n	k	d
x	e	z	g	k	r	x	a	z	c	k	i	x	a	z
s	k	f	x	i	z	l	k	.	x	4	z	:	k	6

_____

_____

_____

_____

«Por nada estéis afanosos, sino sean conocidas vuestras peticiones delante de Dios en toda oración y ruego, con acción de gracias». **Filipenses 4:6**

Niños GRANDES

Hoja de actividades

5 { **Recibiendo su provisión** }

1 Versículo para memorizar:

«Por nada estéis afanosos, sino sean conocidas vuestras peticiones delante de Dios en toda oración y ruego, con acción de gracias». **Filipenses 4:6**

2 Falso o verdadero:

a) Nuestra provisión (comida, ropa, etc.) viene de la mano del Padre.

☐ **Falso**   ☐ **Verdadero**

b) La provisión que viene de Dios no añade tristeza.

☐ **Falso**   ☐ **Verdadero**

c) Dar gracias es confiar en Dios.

☐ **Falso**   ☐ **Verdadero**

d) Afán viene de la palabra griega merimnáo: que significa: *preocupado por*.

☐ **Falso**   ☐ **Verdadero**

3 Escribe la respuesta correcta:

Menciona los tres primeros pasos para orar correctamente:

1. R_____ su P_____

2. S_____ su N_____

3. Estableciendo su R _____

4. H_____ su Voluntad

5. R_____ su _____

6 {Manifestando su naturaleza}

Objetivos:
Ayudar al niño a:
- Entender qué significa *manifestar su naturaleza*
- Saber qué significa perdonar
- Saber por qué debemos perdonar

Textos:
Mateo 6:12

Versículo a memorizar:
«Porque si perdonáis a los hombres sus ofensas, os perdonará también a vosotros vuestro Padre celestial». *Mateo 6:14*

Desarrollo del tema:

Hoy seguiremos aprendiendo a orar de acuerdo con el modelo de oración que Jesús nos dejó en la Biblia. En nuestras clases pasadas conocimos a Dios como Padre y nos enseñó lo que no debemos hacer cuando oramos. Después aprendimos a santificar su nombre, y conocimos cómo es su reino y su voluntad, además aprendimos que podemos orar al Padre por nuestras necesidades, es decir por las cosas que estén de acuerdo al deseo de Dios para que su voluntad se produzca en nosotros y a través de nosotros.

Ahora que sabemos que es Dios quien nos provee diariamente, esto nos hace tener confianza en él y disfrutar de lo que nos da, llenando de alegría nuestro corazón.

No olvidemos que es muy importante tener un corazón agradecido para alejar de nosotros el afán o preocupación.

Hoy aprenderemos a manifestar su naturaleza. *¿Qué significa eso?*

Quiere decir que vamos a mostrar cómo se porta un hijo de Dios después de que ha recibido su amor. La principal característica del reino de Dios es el perdón. Nosotros podemos entrar a su reino, gracias a que cuando nos arrepentimos y recibimos el sacrificio de Jesús en nuestro lugar, Dios nos perdona. Sin embargo, en ocasiones pensamos *«¿De qué me va a perdonar Dios si yo me porto bien?»*. Bueno, el vivir nuestra vida sin tomarlo en cuenta, es el pecado del cual surgen todos los demás, eso fue lo que le pasó a Adán y Eva. Quisieron vivir con sus propias reglas, sin tomar en cuenta a Dios. Nosotros también tenemos que arrepentirnos de no haberle tomado en cuenta en nuestra vida antes, y apreciar tanto su perdón, que seamos capaces de que cuando alguien haga algo que nos ofenda, así como nosotros hicimos tantas cosas que ofendían a Dios, también seamos capaces de perdonarles.

¿Por qué Dios quiere que aprendamos a perdonar?

Porque cuando no perdonamos tenemos una pesada carga en nuestro corazón y la llevamos para todos lados. Es como si todo el día tuvieras que cargar tu mochila con los libros de la escuela. Imagina que te despiertas y estás cargando tu mochila, estás en la escuela y sigues cargando tu mochila, vas a comer cargando tu mochila. ¡Uf, qué cansado!, ¿Verdad?

Mateo 6:12
12 Y perdónanos nuestras deudas, como también nosotros perdonamos a nuestros deudores.

Mateo 6:14
14 Porque si perdonáis a los hombres sus ofensas, os perdonará también a vosotros vuestro Padre celestial.

Juan 13:10
10 Jesús le dijo: El que está lavado, no necesita sino lavarse los pies, pues está todo limpio; y vosotros limpios estáis, aunque no todos.

1 Juan 1:8-10
8 Si decimos que no tenemos pecado, nos engañamos a nosotros mismos, y la verdad no está en nosotros.
9 Si confesamos nuestros pecados, él es fiel y justo para perdonar nuestros pecados, y limpiarnos de toda maldad.
10 Si decimos que no hemos pecado, le hacemos a él mentiroso, y su palabra no está en nosotros.

Juan 10:17-18
17 Por eso me ama el Padre, porque yo pongo mi vida, para volverla a tomar.
18 Nadie me la quita, sino que yo de mí mismo la pongo. Tengo poder para ponerla, y tengo poder para volverla a tomar. Este mandamiento recibí de mi Padre.

Efesios 2:7
7 Para mostrar en los siglos venideros las abundantes riquezas de su gracia en su bondad para con nosotros en Cristo Jesús.

Romanos12:19
9 No os venguéis vosotros mismos, amados míos, sino dejad lugar a la ira de Dios; porque escrito está: Mía es la venganza, yo pagaré, dice el Señor.

¿Quién crees que gane en una carrera?
¿Tú que estás cargando tu mochila o los demás competidores que no traen ninguna carga.

Perdonar significa pasar por alto una ofensa. Olvidar el pago de algo que se debe o liberar del castigo. Cuando Dios nos perdona quedamos libres de esa carga, para cumplir con su propósito y que nuestras oraciones puedan ser escuchadas.

¿Por qué debemos orar pidiendo el perdón cada día, si cuando Jesús murió nuestros pecados pasados, presentes y futuros fueron limpiados?

Porque esas faltas que todavía cometemos le duelen a Dios, y hasta que no las reconocemos, no quitamos de en medio los estorbos para poder parecernos a él (*Juan 13:10, 1 Juan 1:8-10*)

En el perdón de Dios hay:
- **Compasión**. Dios nos ama (*Juan 10:17-18*)
- **Misericordia**. Cuando nos arrepentimos, recibimos lo que no nos merecemos. *(Efesios 2:4-5)*
- **Gracia divina**. Gracia, es el perdón que no me merezco por mi pecado. *(Efesios 2:7)*

Cuando hemos recibido el perdón de Dios, estamos preparados para perdonar a otra persona. A veces hemos sido muy lastimados por alguna persona, y nos parece injusto perdonarla. Dios solo nos pide recordar que él no nos perdonó porque era justo, y quiere que nosotros tengamos disposición para perdonar, entendiendo que cuando estamos lejos de Dios, cualquier persona puede hacer cosas muy feas y malas. Solo la presencia de Dios en nuestra vida, puede ser un freno, que impida que el mal se desarrolle en nuestra vida, por eso estamos aprendiendo cómo ser discípulos de Jesús y cómo orar.

Nuestro perdón a otros es una prueba de que hemos recibido el perdón de Dios. Entre más entendamos las cosas que Dios nos ha perdonado a nosotros, más fácil nos será perdonar a quienes nos han ofendido.

Existen 5 razones para perdonar:

1. Dios así lo ordena (*Romanos 12:19*)
2. Debemos seguir el ejemplo de Cristo (*Colosenses 3:13*)
3. Somos deudores (*Romanos 13:8*)
4. Traerá paz a nuestro corazón (*Colosenses 3:13-15*)
5. Glorificará a Dios (*Romanos 15:7*)

Romanos 13:18
8 No debáis a nadie nada, sino el amaros unos a otros; porque el que ama al prójimo, ha cumplido la ley.

Colosenses 3:13-15
13 SBoportándoos unos a otros, y perdonándoos unos a otros si alguno tuviere queja contra otro. De la manera que Cristo os perdonó, así también hacedlo vosotros.
14 Y sobre todas estas cosas vestíos de amor, que es el vínculo perfecto.
15 Y la paz de Dios gobierne en vuestros corazones, a la que asimismo fuisteis llamados en un solo cuerpo; y sed agradecidos.

Romanos 15:7
7 Por tanto, recibíos los unos a los otros, como también Cristo nos recibió, para gloria de Dios.

6 { **Manifestando su naturaleza** }

Aprendizaje activo

● **Niños** PEQUEÑOS:

1. Coloree el dibujo y una los puntos para formar la frase «te perdono». Doble por la línea punteada la figura **#3** que quede sobre la figura **#2**. Doble la figura **#1** hacia la parte de atrás de la **#2**.

Material:
• Crayones
• Copias de la actividad

● **Niños GRANDES:**

1. Corazones limpios. Recorte corazones de cartulina blanca, de aproximadamente 14 cm. de alto.
Haga tiras de cartulina roja de 1 x 5 cm. y las otras de 1 x 3 cm. Déle a cada niño un corazón blanco y dos tiras rojas, una de cada tamaño. Deben pegar las tiras en forma de cruz en el centro del corazón. Explíqueles a los niños que Jesús murió en la cruz para limpiar nuestro corazón y debemos orar pidiendo su perdón cada día. No podremos pedirle perdón a Dios si no estamos dispuestos a perdonar a otra persona. Puede escribir el versículo a memorizar en el corazón y pegar un imán por la parte de atrás.

2. Resolver el cuestionario

Material:
• Copias de las actividades
• Lapiceros o lápices
• Cartulinas de color blanco y rojo
• Imán con pegamento

Niños pequeños

ESCENA 1

ESCENA 2

ESCENA 3

Niños GRANDES

«Porque si perdonáis
a los hombres sus ofensas,
os perdonará también a vosotros
vuestro Padre celestial».
Mateo 6:14

Notas

....

....

....

....

....

....

....

....

....

....

....

....

....

....

....

....

....

....

....

....

Niños GRANDES

| Hoja de actividades | 6 {Manifestando su naturaleza} |

1) Versículo para memorizar:

«Porque si perdonáis a los hombres sus ofensas, os perdonará también a vosotros vuestro Padre celestial». **Mateo 6:14**

2) Contesta las siguientes preguntas:

1. Menciona las dos cosas que no debemos hacer cuando oramos.

La V_____ y las V_____ R _____

2. Cuando oramos podemos pedir a Dios que:

a) Supla nuestras necesidades

b) Que nos dé todo lo que nos gusta

c) Que le vaya mal al niño que me ofendió

d) Que nos ayude a perdonar a otros

3. Una razón para perdonar es:

a) Porque Dios así lo ordena

b) Hemos sido perdonado por Jesús

c) Traerá paz a nuestro corazón

d) Todas las anteriores

3) Completa los espacios en blanco:

«Y _____ nuestras deudas, como _____ nosotros

_____ a nuestros _____». **Mateo 6:12**

Notas

....

....

....

....

....

....

....

....

....

....

....

....

....

....

....

....

....

....

....

7 {Vistiendo su protección}

Objetivos:

Ayudar al niño a:
- Saber por qué necesitamos protección.
- Entender qué es la tentación.
- Identificar nuestros adversarios para poder vencerlos.
- Conocer cuál es la armadura de Dios.

Textos:

Mateo 6:13

Versículo a memorizar:

«Eviten toda clase de mal. Y el mismo Dios de paz los santifique por completo». *1 Tesalonicenses 5:22-23*

Desarrollo del tema:

Hoy estudiaremos el último paso para aprender a orar de acuerdo a la manera que Jesús enseñó a sus discípulos. ¿Recuerdas los pasos que ya aprendimos? Primero aprendimos que debemos orar en secreto, evitando las repeticiones vanas y aquello que atraiga la atención hacia nosotros en lugar de a Dios. Después nos explicó Jesús que quiere que nos acerquemos a Dios como un Padre amoroso, que desea pasar tiempo con nosotros y que ese tiempo se refleje en nuestra vida, en nuestra manera de pensar y de vivir.

Esto es lo que llamamos *santificar su nombre*, también conocimos cómo es su reino y su voluntad, y que podemos orar al Padre por las cosas que estén de acuerdo al deseo de Dios y que son necesarias para nosotros, para que su voluntad se lleve a cabo en nosotros y a través de nosotros. Entendimos que es Dios quien nos provee diariamente, esto nos hace tener confianza en él, nos llena de alegría y de gratitud en nuestro corazón, y aleja de nosotros la preocupación.

La clase pasada aprendimos a manifestar su naturaleza. Es decir aprendimos que un hijo de Dios, que ha recibido su perdón, tiene disposición para perdonar a otros. Perdonar significa pasar por alto una ofensa, olvidar el pago de algo que se debe o liberar del castigo. Después de recibir el perdón de Dios, estamos preparados para perdonar a otra persona. Nuestro perdón a otros es una prueba de que hemos recibido el perdón de Dios.

Después de haber recorrido este camino en la oración ahora hablaremos sobre nuestra necesidad de protección.

¿Porqué tenemos que pedir la protección de Dios? ¿De qué nos tenemos que proteger? ¿Recuerdas que dijimos que la oración es una preparación para la batalla? Pero... ¿cuál batalla?

Vivimos en este planeta llamado Tierra, que es una esfera controlada por el maligno, o sea el malo siempre está tratando de hacernos tropezar y de hacernos caer en tentación.

¿Qué es tentación?

El maligno trata de convencernos con engaños de hacer cosas en contra de lo que nos dice la Palabra de Dios, convenciéndonos de que no pasará nada, o de que todos lo hacen, o de que disfrutaremos de algo que queremos, sin decirnos el precio que tendremos que pagar.

---

1 Tesalonisenses 5:22-23
22 Absteneos de toda especie de mal.
23 Y el mismo Dios de paz os santifique por completo; y todo vuestro ser, espíritu, alma y cuerpo, sea guardado irreprensible para la venida de nuestro Señor Jesucristo.

Gálatas 5:16-17
16 Digo, pues: Andad en el Espíritu, y no satisfagáis los deseos de la carne.
17 Porque el deseo de la carne es contra el Espíritu, y el del Espíritu es contra la carne; y éstos se oponen entre sí, para que no hagáis lo que quisiereis.

Mateo 4:3
3 Y vino a él el tentador, y le dijo: Si eres Hijo de Dios, di que estas piedras se conviertan en pan.

1 Juan 2:15-17
15 No améis al mundo, ni las cosas que están en el mundo. Si alguno ama al mundo, el amor del Padre no está en él.
16 Porque todo lo que hay en el mundo, los deseos de la carne, los deseos de los ojos, y la vanagloria de la vida, no proviene del Padre, sino del mundo.
17 Y el mundo pasa, y sus deseos; pero el que hace la voluntad de Dios permanece para siempre.

Lucas 22:40-46
40 Cuando llegó a aquel lugar, les dijo: Orad que no entréis en tentación.
41 Y él se apartó de ellos a distancia como de un tiro de piedra; y puesto de rodillas oró,
42 diciendo: Padre, si quieres, pasa de mí esta copa; pero no se haga mi voluntad, sino la tuya.
43 Y se le apareció un ángel del cielo para fortalecerle.
44 Y estando en agonía, oraba más intensamente; y era su sudor como grandes gotas de sangre que

---

Dios no hace eso, él sabe lo que es bueno para nosotros y nos permite hacer muchas cosas, dentro de los límites que marcan nuestro bienestar. La tentación nos atrae a ir más allá de esos limites y cuando los pasamos entonces estamos desobedeciendo a Dios y caemos en la tentación. Todos enfrentamos tentaciones, algunos somos tentados a decir mentiras, a tomar las pertenencias de otros, a comer lo que no es saludable, a ver programas de televisión que no son buenos, etc. Por eso Jesús nos enseña que oremos pidiendo al Padre, que «no nos deje caer en tentación», es decir que no quite de nosotros su protección, para que no tomemos decisiones equivocadas.

Identifiquemos a nuestros enemigos para poder hacerles frente correctamente en la batalla. Estos enemigos son tres:

- **La Carne.** Son los malos deseos que tenemos las personas como pleitos, envidias, celos, iras, desacuerdos, etc. (*Gálatas 5:16-17*).
- **El Tentador.** El maligno (*Mateo 4:3*).
- **El Mundo.** La palabra «mundo» viene del griego *Kósmos* que significa arreglo ordenado, decoración, maquillaje externo. Es decir que el maligno adorna el pecado haciéndonos creer que lo malo es bueno. (*1 Juan 2:15-17*)

¿Cómo podemos defendernos de estos adversarios y ser vencedores?
1. Orando para no entrar en tentación (*Lucas 22:40-46*),
es decir para no ser engañados por el maligno.
2. Haciéndonos más fuertes con el gran poder del Señor (*Efesios 6:10*).
3. Protegiéndonos con toda la armadura de Dios (*Efesios 6:11-18*).

¿Cuál es la armadura de Dios?
- El cinturón de la Verdad (*v.14*).
- La coraza de justicia (*v. 14*, protegiendo tu corazón con el sacrificio de Cristo).
- Calzados con la disposición de proclamar el evangelio de la paz (*v.15*, llevando las buenas nuevas a donde vayas).
- El escudo de la fe (*v.16*, la fe viene del oír la palabra de Dios).
- El casco de la Salvación (*v.17*, protegiendo tu mente con la seguridad de tu salvación).
- La espada del Espíritu, que es la palabra de Dios (*v.17*, Jesús venció al maligno con la palabra de Dios cuando este intentó que desobedeciera a su padre).
- La oración en todo momento (*v.18*).

caían hasta la tierra.
45 Cuando se levantó de la oración, y vino a sus discípulos, los halló durmiendo a causa de la tristeza;
46 y les dijo: ¿Por qué dormís? Levantaos, y orad para que no entréis en tentación.

Efesios 6:10
10 Por lo demás, hermanos míos, fortaleceos en el Señor, y en el poder de su fuerza.

Efesios 6:11-18
11 Vestíos de toda la armadura de Dios, para que podáis estar firmes contra las asechanzas del diablo.
12 Porque no tenemos lucha contra sangre y carne, sino contra principados, contra potestades, contra los gobernadores de las tinieblas de este siglo, contra huestes espirituales de maldad en las regiones celestes.
13 Por tanto, tomad toda la armadura de Dios, para que podáis resistir en el día malo, y habiendo acabado todo, estar firmes.
14 Estad, pues, firmes, ceñidos vuestros lomos con la verdad, y vestidos con la coraza de justicia,
15 y calzados los pies con el apresto del evangelio de la paz.
16 Sobre todo, tomad el escudo de la fe, con que podáis apagar todos los dardos de fuego del maligno.
17 Y tomad el yelmo de la salvación, y la espada del Espíritu, que es la palabra de Dios;
18 orando en todo tiempo con toda oración y súplica en el Espíritu, y velando en ello con toda perseverancia y súplica por todos los santos.

7 { Vistiendo su protección }

Aprendizaje activo

● Niños PEQUEÑOS:

1. Dé a cada niño una copia con las partes de la armadura, que las recorten y peguen sobre el dibujo de un niño o niña.

Material:
• Crayones
• Copias de la actividad

● Niños GRANDES:

1. *Coraza de justicia:* En los rectángulos de cartulina haga dos perforaciones por donde pasará el listón para que los niños puedan usar la coraza, decore con los círculos de cartón o etiquetas en forma de círculo. Pueden escribirle las palabras «Coraza de justicia».

Material:
• Cartulinas de 17" x 8"
• Perforadora
• Listón
• Etiquetas redondas (12 para cada niño) o círculos de papel de color, de 1" de diámetro.
• Copias de la hoja para colorear

2. *Escudo de la Fe:* Engrape en un plato de cartón una tira de papel que sirva para que el niño pueda meter la mano y sostener el plato como escudo de los antiguos guerreros. Los niños pueden decorar el plato por la parte de enfrente y escribirle «Escudo de la Fe».

Material:
• Platos de cartón
• Tiras de papel cartulina de 2" x 12"
• Engrapadora
• Crayones
• Pegamento
• Figuras para decorar el escudo

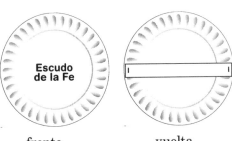

frente   vuelta

Notas

....

....

....

....

....

....

....

....

....

....

....

....

....

....

....

....

....

....

Niños pequeños

7 {Vistiendo su protección}

Niños pequeños

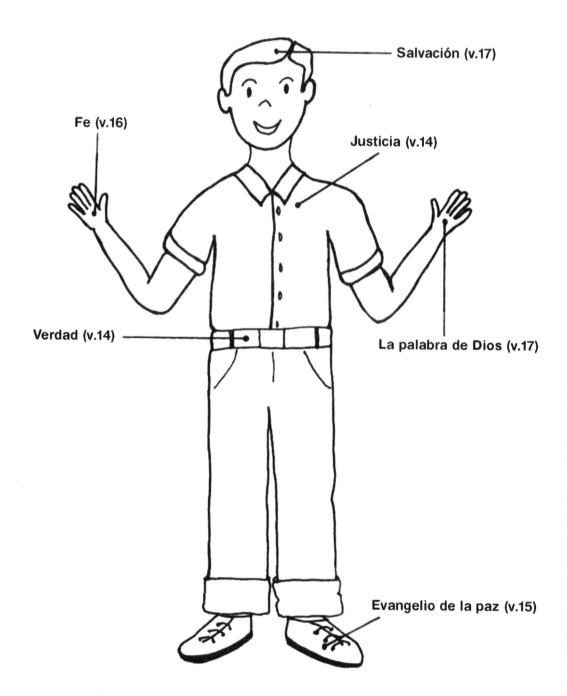

Salvación (v.17)

Fe (v.16)

Justicia (v.14)

Verdad (v.14)

La palabra de Dios (v.17)

Evangelio de la paz (v.15)

«Eviten toda clase de mal. Y el mismo Dios de paz los santifique por completo». **1 Tesalonicenses 5:22**

Niños pequeños

7 { Vistiendo su protección }

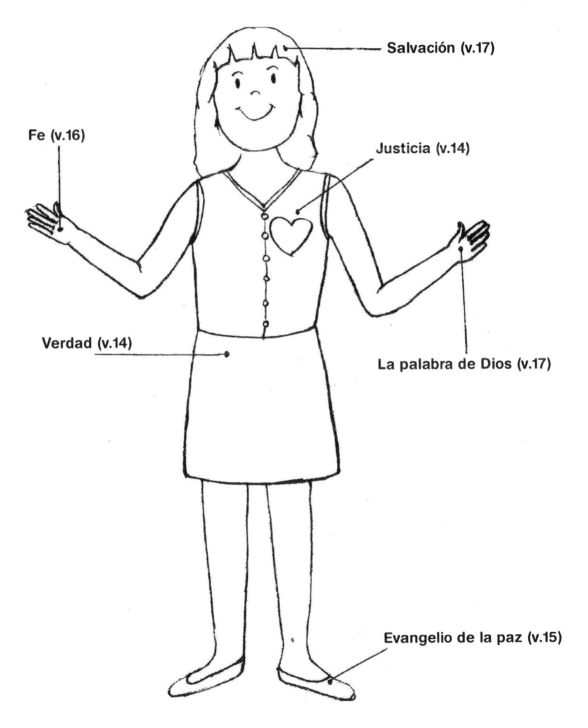

Salvación (v.17)

Fe (v.16)

Justicia (v.14)

Verdad (v.14)

La palabra de Dios (v.17)

Evangelio de la paz (v.15)

«Eviten toda clase de mal. Y el mismo Dios de paz
los santifique por completo». **1 Tesalonicenses 5:22**

Niños GRANDES

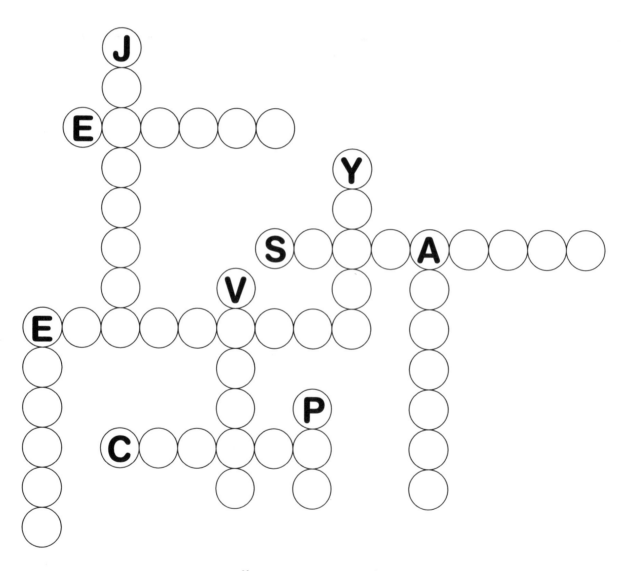

evangelio	espada
escudo	paz
salvación	justicia
armadura	yelmo
coraza	fe
verdad	

Niños GRANDES

Hoja de actividades

---

1 Versículo para memorizar:

«Eviten toda clase de mal. Y el mismo Dios de paz los santifique por completo». **1 Tesalonicenses 5:22**

---

2 Traza una línea de la columna izquierda a la respuesta correcta en la columna derecha (Efesios 6:14-17):

a) Ceñidos con el cinturón

b) Tomen el casco

c) Tomen el escudo

d) Tomen la espada

e) Calzados los pies con la disposición de proclama

f) Protegidos por la coraza de

el evangelio de la paz

del espíritu = la palabra

de la salvación

de la verdad

justicia

de la fe

---

3 Falso o verdadero:

1. Nuestros adversarios son: el tentador, la carne y el mundo.

☐ **Falso**   ☐ **Verdadero**

2. La tentación es cuando el enemigo de Dios trata de convencernos con engaños de hacer algo equivocado con la promesa de que disfrutaremos o ganaremos.

☐ **Falso**   ☐ **Verdadero**

3. Para defendernos y ser victoriosos en contra del enemigo, debemos vestirnos con toda la armadura de Dios.

☐ **Falso**   ☐ **Verdadero**

Nos agradaría recibir noticias suyas.
Por favor, envíe sus comentarios sobre este libro
a la dirección que aparece a continuación.
Muchas gracias.

Editorial Vida
8410 N.W. 53rd Terrace, Suite 103
Miami, Florida 33166

Vida@zondervan.com
www.editorialvida.com